mi mini biografía

Frida Kahlo

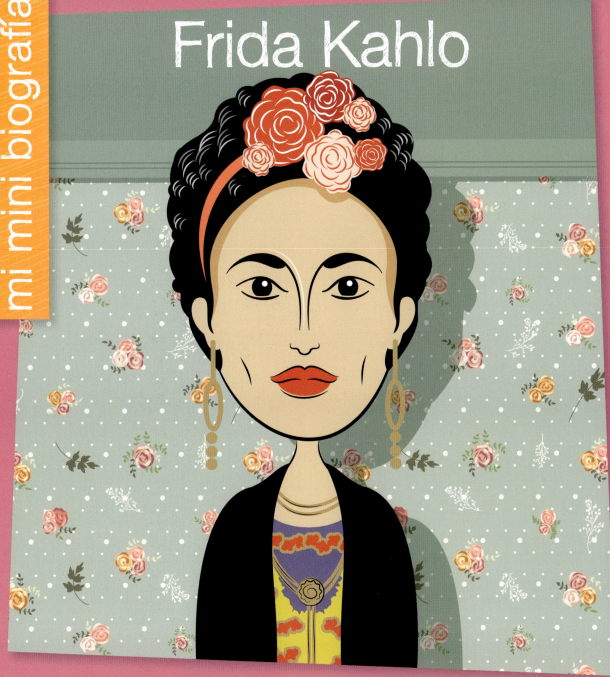

Publicado en los Estados Unidos de América por Cherry Lake Publishing
Ann Arbor, Michigan
www.cherrylakepublishing.com

Asesor de contenido: Ryan Emery Hughes, estudiante de doctorado, Escuela de Educación, Universidad de Michigan
Asesora de lectura: Marla Conn MS, Ed., Read-Ability, Inc.
Ilustrador: Jeff Bane
Traducción por Editec Soluciones Editoriales

Créditos de las fotos: Photographed by Guillermo Kahlo [1916] / Wikimedia Creative Commons / Public Domain, 5; Library of Congress / Prints & Photographs Division / Toni Frissell Collection [LC-F9-01-3707-25 -8], 7; © Lemonpink Images / Shutterstock.com, 9; © Igor Sinkov / Shutterstock.com, 11; Library of Congress / Prints & Photographs Division/ Carl Van Vechten Collection [LC-USZ62-42516], 13, 22; Photographed by Sylvia Salmi [1944] / Contributed by libby rosof / flickr.com, 15; © 2007 Banco de México Diego Rivera & Frida Kahlo Museums Trust / Contributed by libby rosof / flickr.com, 17, 23; Vicente Wolf Photography Collection / Contributed by libby rosof / flickr.com, 19; © Kyle Magnuson / flickr.com, 21; Cover, 1, 6, 10, 14, Jeff Bane; Todos los marcos de las imágenes, Shutterstock Images

Copyright © 2026 por Cherry Lake Publishing
Todos los derechos reservados. Ninguna parte de este libro se puede reproducir de modo alguno sin el consentimiento expreso por escrito del editor.

La información del catálogo de publicación de la Biblioteca del Congreso ha sido presentada y está disponible en catalog.loc.gov.

Impreso en los Estados Unidos de América

contenido

Mi historia 4

Línea de tiempo. 22

Glosario 24

Índice. 24

Sobre la autora: Czeena Devera creció en el sofocante calor de Arizona rodeada de libros, literalmente, ya que el dormitorio de su infancia tenía estanterías empotradas que estaban constantemente desbordadas. Ahora vive en Michigan, con una biblioteca aún más grande.

Sobre el ilustrador: Jeff Bane y sus dos socios son dueños de un estudio cerca del río de los Americanos en Folsom, California, que es donde se originó la fiebre del oro de 1849. Cuando Jeff no está dibujando o ilustrando, está nadando o navegando en kayak por el río para relajarse.

mi historia

Nací en 1907 en México.

La vida era difícil. La gente era pobre y tenía hambre.

Tuve **polio** a los 6 años.

Hacía deporte. Pero era tímida.

En mi escuela la mayoría eran niños. Yo era inteligente.

Quería ser médica.

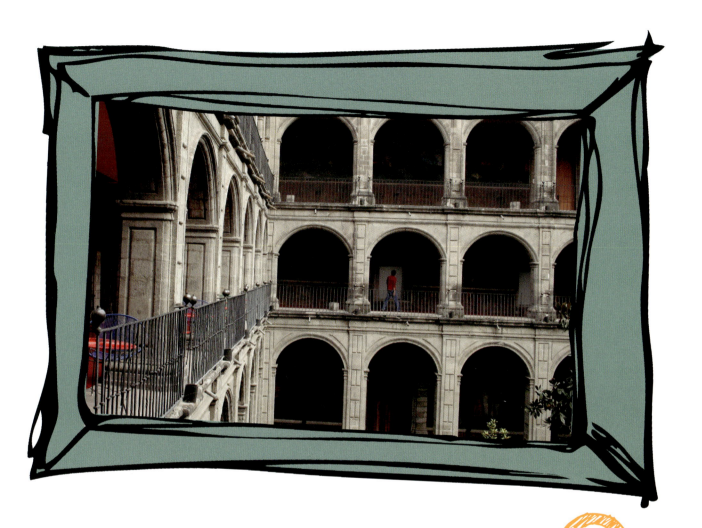

¿Cuáles son tus materias favoritas?

Tuve un accidente de autobús. Tenía 18 años. Me rompí varios huesos.

Quería sentirme mejor. Pintaba **autorretratos**.

Me case con Diego Rivera.
Él también era un artista.

Viajamos por trabajo.

Estaba orgullosa de mi país.

Llevaba ropa mexicana **tradicional**.

¿De qué estás orgulloso?

Vendí un autorretrato.

Lo compró un museo muy importante.

Siempre estaba creando. Hice unas 200 obras de arte.

Morí en 1954. Mi trabajo se hizo más famoso.

La gente puede visitar mi antigua casa.

¿Qué te gustaría preguntarme?

línea de tiempo

1929

1900

Nació en 1907

―1941―

2000

Murió en 1954

glosario

autorretrato fotos tuyas que dibujas

polio una enfermedad que afecta el cerebro y la médula espinal

tradicional relacionado con creencias y actividades que se transmiten desde hace mucho tiempo

índice

accidente de
   autobús, 10
artista, 12
autorretrato, 10, 16

escuela, 8

México, 4

pintó, 10
pobreza, 4
polio, 6

vestimenta mexicana, 14